Christian August Fischer

Politische Fabeln

Christian August Fischer

Politische Fabeln

ISBN/EAN: 9783744700467

Hergestellt in Europa, USA, Kanada, Australien, Japan

Cover: Foto ©Suzi / pixelio.de

Weitere Bücher finden Sie auf **www.hansebooks.com**

Politische Fabeln

von

Christian August Fischer.

Le monde est vieux, dit-on. Je le crois; cependant
Il le faut amuser encor comme un enfant.
LA FONTAINE.

Königsberg.
Bei Friedrich Nicolovius.
1796.

Inhalt.

Erstes Buch.

Statt der Vorrede.
Der zweiköpfigte Adler. . . Seite 3

Erste Fabel.
Die beiden Weiber. 5

Zweite Fabel.
Der Löwe und die Mücke. . . . 7

Dritte Fabel.
Die beiden Drachen. 9

Vierte Fabel.
Die Räuber und das Pferd. . . 11

Fünfte Fabel.
Der Löwe und der Fuchs. . . Seite 12

Sechste Fabel.
Die Mücke und das Licht. . . 14

Siebente Fabel.
Der Löwe und das Gemählde. . . 15

Achte Fabel.
Der Wolf und das Lamm. . . 16

Neunte Fabel.
Der Mensch und sein Bild. . . 17

Zehnte Fabel.
Der kranke Löwe und der Fuchs. . 19

Eilfte Fabel.
Der Frosch und der Ochse. . . 21

Zwölfte Fabel.
Der Künstler und die Lampe. . 23

Dreizehnte Fabel.
Der Knabe und der Eremit. . Seite 24

Vierzehnte Fabel.
Die Stiere und die Frösche. . . 27

Funfzehnte Fabel.
Die Fledermaus und die Wiesel. . 29

Sechszehnte Fabel.
Der Adler und der Käfer. . . . 32

Siebzehnte Fabel.
Der Geyer und der Rabe. . . . 35

Achtzehnte Fabel.
Der Löwe und der Esel. . . . 36

Neunzehnte Fabel.
Die Revolution im Thierreiche, oder der
  Magen und die Glieder. . . 38

Zwanzigste Fabel.
Die Frösche. 41

Ein und zwanzigste Fabel.
Der Fuchs und die Weintraube.   Seite 43

Zwei und zwanzigste Fabel.
Der Wolf in Schafskleidern.   .   .   44

Drei und zwanzigste Fabel.
Der Hausvater und das Götzenbild.   .   46

Vier und zwanzigste Fabel.
Das Cameel und die Menschen.   .   48

Fünf und zwanzigste Fabel.
Das Pferd und der Hirsch.   .   .   50

Sechs und zwanzigste Fabel.
Der Fuchs und die Büste.   .   .   52

Sieben und zwanzigste Fabel.
Die beiden Töpfe.   .   .   .   63

Acht und zwanzigste Fabel.
Das Camäleon und die Vögel   .   .   65

Neun und zwanzigste Fabel.

Der Esel und der Hase. . . Seite 57

Dreißigste Fabel.

Der Berg. 59

Ein und dreißigste Fabel.

Die beiden Ärzte. 60

Zwei und dreißigste Fabel.

Der Esel mit den Reliquien. . . 62

Drei und dreißigste Fabel.

Der Hirsch und der Zaun. . . 63

Vier und dreißigste Fabel.

Der Hund und die Feile. . . . 64

Fünf und dreißigste Fabel.

Das Rebhuhn und die wilde Ente. . 65

Sechs und dreißigste Fabel.

Die beiden Mäuse und die Ratte. . 66

Sieben und dreißigste Fabel.
Der Affe und die Nüsse. . . Seite 67

Zweites Buch.

Erste Fabel.
Die Königswahl. 71

Zweite Fabel.
Die Bärenhaut. 73

Dritte Fabel.
Der Esel in der Löwenhaut. . . 75

Vierte Fabel.
Der Tiger und der Hase. . . 76

Fünfte Fabel.
Die Sonne und die Frösche. . . 77

Sechste Fabel.
Der Bauer und sein Esel. . Seite 79

Siebente Fabel.
Der Hund und sein Schatten. . . 81

Achte Fabel.
Der Esel und seine Herren. . . 82

Neunte Fabel.
Der Gerichtstag der Thiere. . . 84

Zehnte Fabel.
Die Maus und der Käse. . . . 86

Eilfte Fabel.
Das Pferd und der Esel. . . . 88

Zwölfte. Fabel.
Der Hof des Löwen. 89

Dreizehnte Fabel.
Die Geyer und die Tauben. . . 91

Vierzehnte Fabel.
Die Hähne. . . . . Seite 93

Funfzehnte Fabel.
Die beiden Bären. 95

Sechszehnte Fabel.
Das Wiesel, die Katze und das Kaninchen. 97

Siebzehnte Fabel.
Der Schlangenschwanz. 1. . . . 99
— — — — 2. . . 100

Achtzehnte Fabel.
Die Astronomen. 102

Neunzehnte Fabel.
Der Adler und der Zaunkönig. . 104

Zwanzigste Fabel.
Der Pudel und die andern Hunde. . 105

Ein und zwanzigste Fabel.
Die Maus und die Auster. . . 107

Zwei und zwanzigste Fabel.
Der Hund und sein Herr. . Seite 108

Drei und zwanzigste Fabel.
Licht und Sonnenschein. . . . 110

Vier und zwanzigste Fabel.
Die Katze und die Ratte. . . . 111

Fünf und zwanzigste Fabel.
Die Wölfe und der todte Esel. . 113

Sechs und zwanzigste Fabel.
Die Birken und die Fruchtbäume. . 115

Sieben und zwanzigste Fabel.
Der Bär und der Jäger. . . 116

Acht und zwanzigste Fabel.
Der Baum und das Moos. . . 117

Neun und zwanzigste Fabel.
Der Hund und der Wolf. . . 118

Dreißigste Fabel.

Der Knabe und die Stahlfeder.   Seite 119

Ein und dreißigste Fabel.

Der Hund ohne Ohren. . . . 121

Zwei und dreißigste Fabel.

Die Blumen und die Decke. 1. . . 122

— — — — 2. . . 122

Drei und dreißigste Fabel.

Die beiden Lügner. 124

Vier und dreißigste Fabel.

Der Elephant und die Maus. . 125

Fünf und dreißigste Fabel.

Das Pferd und der Reuter. . . 126

Sechs und dreißigste Fabel.

Die Katze und der Sperling. . . 127

Sieben und dreißigste Fabel.

Das alte Gebäude. 129

Drittes Buch.

Erste Fabel.
Der Schäfer und sein Hund. . Seite 133

Zweite Fabel.
Der Affe und die Katze. . . . 135

Dritte Fabel.
Die Frösche und der Kranich. . . 137

Vierte Fabel.
Der Hund und die Schafe. . . 139

Fünfte Fabel.
Die Schildkröte und die beiden Enten. 140

Sechste Fabel.
Der Schäfer und seine Heerde. . 142

Siebente Fabel.
Der junge Löwe. 143

Achte Fabel.
Die Frau und das Licht. . . . 145

Neunte Fabel.
Die beiden Esel. 146

Zehnte Fabel.
Die beiden Flaschen. . . Seite 147

Eilfte Fabel.
Der Löwe und die Thiere. 1. . . 148
— — — — 2. . . 149

Zwölfte Fabel.
Die Hunde und die Katzen. . . 150

Dreizehnte Fabel.
Die Krebse. 152

Vierzehnte Fabel.
Der Adler und die Elster. . . . 153

Funfzehnte Fabel.
Der Hund und der Igel. . . . 155

Sechszehnte Fabel.
Der Holzhauer und der Baum. . 157

Siebzehnte Fabel.
Der Affe und der Gärtner. . . 158

Achtzehnte Fabel.
Die Frösche und die Sonne. . . 159

Neunzehnte Fabe..
Das Pulver. . . . . Seite 160

Zwanzigste Fabel.
Der Obstbaum und der Gärtner. . 161

Ein und zwanzigste Fabel.
Der Schmetterling und die Schnecke. 162

Zwei und zwanzigste Fabel.
Der Ameisenhaufen. 164

Drei und zwanzigste Fabel.
Die Baumwurzel und der Gipfel. . 165

Vier und zwanzigste Fabel.
Der Wolf und die Schafe. . . 166

Fünf und zwanzigste Fabel.
Der Tiger und der Leopard. . . 168

Sechs und zwanzigste Fabel.
Die Bienen und die Hummel. . . 170

Sieben und zwanzigste Fabel.
Der Löwe und der Bär. . . . 172

Acht und zwanzigste Fabel.
Der Adler und der Falke. . . . Seite 175

Neun und zwanzigste Fabel.
Die Ameise. 176

Dreißigste Fabel.
Der Wolf und der Fuchs. . . . 179

Ein und dreißigste Fabel.
Der Fuchs und der Tiger. . . . 181

Zwei und dreißigste Fabel.
Die Bienenkönigin. 183

Drei und dreißigste Fabel.
Der Papagey und die Nachtigall. . 185

Vier und dreißigste Fabel.
Der Habicht und die Taube. . . 186

Fünf und dreißigste Fabel.
Der Löwe und der Tiger. . . . 187

Sechs und dreißigste Fabel.
Der Knabe und die Schwalbe. . . 188

Poli-

Politische Fabeln.

Erstes Buch.

I no man call an ape or ass;
'Tis his own conscience holds the glass.
Thus void of all offence I write.
Who claims the fable, knows his right.

GAY.

Statt der Vorrede.

Der zweiköpfichte Adler.

Was will dieses Emblem sagen? Es will sagen, daß Catharina die Große und Friedrich der Große Fürstenmuster sind, und ihres Gleichen eben so schwer, vielleicht unmöglich zu finden ist, als ein zweiköpfichter Adler.

Es will sagen, daß die Erde zwischen sie getheilt seyn sollte; und das menschliche Elend wäre vergessen.

Erste Fabel.
Die beiden Weiber.

Ein Mann von Mittelalter hatte zwei Mätressen, eine Alte und eine Junge. Beide waren eifersüchtig auf einander, jede wollte am meisten geliebt seyn; beide waren mit seinem Alter unzufrieden. Die Alte, der er zu jung aussah, rupfte ihm daher alle schwarze Haare aus; die Junge, der er zu alt vorkam, ließ kein einziges weites Härchen stehen. Was geschah?. In kurzem war unser Mann ein Kahlkopf.

Sehet da zwei entgegengesetzte politische Systeme; und den Ruin der Nation, an der sie versucht werden.

Zweite Fabel.
Der Löwe und die Mücke.

»Ohnmächtiges verächtliches Geschöpf!« — rufte der Löwe einer Mücke nach, die bei ihm vorbeiflog. — »Ohnmächtig verächtlich nennst du mich?« — indem sie sich umkehrte. — »Wärst du auch zehnmal der König der Thiere, ich wollte doch mit dir fertig werden.« — »Zum Spaß!« — sagte der Löwe: — »Wir wollen sehen!« — indem er nach ihr schnappte.

Aber die Mücke war schneller als er; im Nu saß sie ihm auf dem Rükken, und verwundete ihn bald hier bald da. Er wollte sie abschütteln, er wollte sich auf den Boden wälzen, um sie zu zerdrücken: wie der Blitz saß sie ihm im Ohre. Der Schmerz machte ihn zornig; unter seinen Schlägen tönte die Erde, sein Gebrüll erfüllte die Lüfte; er schäumte, er rasete. — Vergebens! sie hatte sich zu fest eingesaugt.

»Du hast überwunden!« — sagte er halb ohnmächtig, und bat um Frieden.

So hat halb Europa der sogenannten Sansculotten gespottet, um zuletzt vor ihnen zu zittern; und manche Macht, die die Carmagnolen verachtete, bittet sie jetzt demüthig um Frieden.

———

Dritte Fabel.
Die beiden Drachen.

Ein Drache mit hundert Schwänzen und einem Kopfe, und ein anderer mit hundert Köpfen und einem Schwanze, hatten sich den Krieg erklärt. Sie waren durch einen Zaun von einander getrennt, und jeder wollte zuerst angreifen. Der hundertköpfige brach zuerst ein, aber mit den vielen Köpfen durchzukommen, war unmöglich. Der Einköpfige brauchte nur eine Öfnung, und seine hundert Schwänze folgten von selbst. Er stürzte über seinen

Feind her, der sich ins Gesträuch verwickelt hatte, und besiegte ihn.

Combinirte Armeen — Französisches Waffenglück — Vergleichung projektirter und ausgeführter Einfälle!

Vierte Fabel.
Die Räuber und das Pferd.

Zwei Räuber hatten sich eines Pferdes bemächtigt; jeder wollte es allein haben; es kam zum Streit, endlich sogar zum Handgemenge. Aber indessen sie sich die Köpfe blutig schlugen, schlich sich ein Dritter hinzu, schwang sich auf das Pferd, und ritt davon.

Geschichte des türkisch = östreichischen Krieges.

Fünfte Fabel.

Der Löwe und der Fuchs.

Der Löwe hatte dem Elephanten den Krieg erklärt. — »Auf!« — ließ er den übrigen Thieren entbieten: — »Der Tag der Rache ist gekommen! Unser Erbfeind muß auf ewig vertilgt werden! Es gilt die Freiheit und die Ruhe der ganzen Nation!«

»So?« — sagte der Fuchs zu seinem Nachbar. Uns hat der Elephant nicht beleidigt! Soll sich die ganze Nation für einen Löwen aufopfern? Was kümmern uns seine Privatabsichten?

Verfluchter Demokrat! — brüllte der Löwe; und zerriß ihn.

Sechste Fabel.
Die Mücke und das Licht.

Eine Mücke flatterte um ein Licht herum, und verbrannte sich endlich. — »Fluch dem Verräther!« — rief sie sterbend — »Fluch und ewige Rache!« — »Aber warum bist du hineingeflogen?« — sagte ein Philosoph.

Flucht nicht der Aufklärung, flucht dem unrechten Gebrauch, ihr Fürsten!

Siebente Fabel.
Der Löwe und das Gemählde.

Ein Mahler hatte einen Löwen abgebildet, den ein Mensch mit der Faust todt schlug. Ein lebendiger Löwe, der vorbeigeführt wurde, sah das Gemählde. »Ach!« — sagte er mit einem mitleidigen Lächeln: — »Wenn wir mahlen könnten!«

Officialberichte von gewonnenen Schlachten, Hofzeitungen voll glänzender Siegesnachrichten, sind immer nur das Echo einer Parthei.

Achte Fabel.
Der Wolf und das Lamm.

Der Wolf hatte ein Lamm gepakt. — »Ach! schone meiner,« — schrie das wehrlose Thier: — »ich habe dir in meinem Leben nichts gethan.« — »Das muß ich wissen!« — gab er zur Antwort, und zerriß es.

Manifeste!

Neunte Fabel.
Der Mensch und sein Bild.

Ein sehr häßlicher Mensch, ein zweiter Thersites, hielt seine Figur gleichwohl für eine der schönsten. Seine Nachbaren, seine Spiegel sagten ihm zwar alle Tage das Gegentheil; aber er schalt jene neidisch, diese falsch, zerschlug die einen, brach mit den andern, und zog in eine fremde Stadt. Fand er es besser? Mit nichten! Die Menschen und die Spiegel sagten dasselbe; aber er blieb dennoch bei seiner Einbildung. Er ging in eine dritte Stadt; es war eben so: in eine vierte und fünfte; nicht besser. Er war zuletzt in einigen hundert Städten gewesen, und starb der häßliche Thersites, wie vorher.

Nicht immer ist der und jener Schriftsteller ein Verläumder; tausend andere würden wie er geschrieben haben. Die Mängel der Regierungen, die Fehler der Fürsten sind es für jeden unbefangenen, uneigennützigen Beobachter. Ein Fleck ist ein Fleck, der jedem gesunden Auge auffällt.

———

Zehnte Fabel.

Der kranke Löwe und der Fuchs.

Der Löwe hatte die Gicht, und litt die heftigsten Schmerzen. — »Du mußt Diät halten!« — sagte der Fuchs. Der Löwe ließ sogleich seinen Hofmarschall, den Esel, rufen, und befahl ihm eine völlige Reform mit seiner Tafel vorzunehmen. »Von nun an nichts als Vegetabilien!« — sagte der Fuchs.

Es geschah. Der Löwe befand sich vortreflich bei dieser frugalen Tafel; aber dem Bär, dem Wolf und seinen übrigen Hofleuten behagte sie gar nicht. Sie beschlossen dem Dinge ein Ende zu machen, es möchte kosten was es wolle.

Im Anfange richteten sie wenig aus, aber allmählig hörte der Löwe doch auf sie. Endlich gab er völlig nach; der Fuchs wurde mit einer Pension entfernt, die vorige Tafel wieder eingerichtet, und alles ging seinen alten Gang.

Finanzgeschichte von Frankreich! Patriotische Minister! Heilsame Reformen!

―――――

Eilfte Fabel.
Der Frosch und der Ochse.

Ein Frosch saß im Grase, wo ein Ochse weidete. — »Wie groß, wie majestätisch!« — sagte eine Grille, die sich auf einer Blume wiegte. — »Meynst du?« — rief der Frosch, und fing an sich aufzublasen — »Was fehlt denn mir?« Die Grille lachte. »Wie?« — sagte er — indem er sich noch stärker aufblies: — Bin ich nicht eben so groß?« — Bei weitem nicht« — »Aber jetzt?« — — indem er noch einen Versuch machte. — Er ersparte ihr die Antwort, denn er platzte.

Fürsten von einigen Morgen Landes, ihr seyd keine Könige! Ihr wollet es ihnen an Pracht und Aufwand gleich thun, um im ersten Monat bankerott zu werden.

———

Zwölfte Fabel.
Der Künstler und die Lampe.

Ein Künstler, der viel die Nacht arbeitete, goß eines Abends Öl in seine Lampe. — »Sieh'! wie ich für dich sorge!« — sagte er. — »Damit ich dir leuchten soll!« — gab sie bitter zur Antwort.

Fürsten, wenn ihr der Nation Gutes thut, es ist keine Wohlthat, es ist euer eigener Vortheil.

Dreizehnte Fabel.
Der Knabe und der Eremit.

Ein Eremit saß vor seiner Hütte auf einem Berge, dessen Fuß ein breiter Strom benezte. Ein Knabe, der sich am jenseitigen Ufer badete, gerieth auf einmal in einen Wirbel, und wurde vom Strome fortgerissen. — »He!« — schrie der Eremit: — »Welche Unvorsichtigkeit! Was für ein Unglück! So halte dich doch rechts! Sieh' doch zu, daß du die Weide fassen kannst! Und warum schwimmst du denn nicht?« —

Der Knabe antwortete nichts, denn er war betäubt; aber ein ehrlicher Fischer, der in einiger Entfernung seine Netze warf, fing ihn auf, nahm ihn in seinen Kahn, und rief dem Eremiten zu:

Wozu das Predigen? Wozu die Rathschläge, wenn du nicht helfen willst, oder nicht helfen kannst?

Elende Pamphletisten! Armselige Scribler! die ihr seit acht Jahren über Revolution und Staatsverbesserung schreibt! Lächerliche Pedanten! die ihr aus eurem kleinen Residenzstädtchen ganze Staaten meistert! Abgeschmackte Critikaster, die ihr als kleine Subalterne eines unbedeutenden Fürsten, euch zu Rathgebern einer großen Nation aufwerft! — Die Fabel ist für euch gemacht!

―――

Vierzehnte Fabel.
Die Stiere und die Frösche.

Zwei Stiere kämpften um eine Kuh: der eine rettete sich in einen Sumpf. — »Gebt mir einen Zufluchtsort« — sagte er: — »damit ich mich erholen, und meinen Feind zu gelegener Zeit überfallen kann.« — Die Frösche waren einfältig genug, ihm das zu erlauben. Was geschah? Der andere Stier versammelte alle seine Kühe, und stürzte wüthend in den Sumpf, seinem Feinde das Garaus zu machen. Der Feige floh, sobald er ihn kommen hörte; aber die Frösche wurden alle zertreten.

Wer gab den Emigrirten das erste Asyl? und wer leidet am meisten darunter? Wer hat den Krieg über Deutschland gebracht? und wer wird vielleicht seine Thorheit mit seinen Staaten bezahlen?

―――

Funfzehnte Fabel.
Die Fledermaus und die Wiesel.

Eine Fledermaus gerieth durch Zufall in ein Wieselnest. — »Verdammte Maus!« — schrie alles und fiel über sie her. — »Ich eine Maus?« — erwiederte sie: — »Nein, meine Freunde! ihr thut mir Unrecht. Ich bin ein Vogel, wie die Schwalbe! Sehet doch meine Flügel an!« — Die Wiesel waren billig, und ließen sie frey.

Den andern Tag gerieth sie in ein anderes Wieselnest. — »Halt Unglücksvogel!» — riefen ihr alle entgegen, und sperrten die Schnautzen auf, sie zu verschlingen. — »Ich ein Vogel?« — sagte sie kläglich: — »Nein, meine Freunde, ihr thut mir Unrecht! Ich habe ja keine Federn; ich bin eine Maus.« — Die Wiesel waren billig, und ließen sie gehen.

Den dritten Tag gerieth sie in ein drittes Wieselnest, wo man weder Vögel noch Mäuse leiden konnte. Sie gab sich bald für dieses bald für jenes aus. — »Gleichviel!« — war die Antwort: — »Du bist immer ein schädliches Thier!« — Und so wurde sie ohne Gnade verschlungen.

Elende, verächtliche, politische Achselträger! Heute Aristokraten und morgen Jacobiner! Heute Speichellecker der Fürsten, und morgen Panegyristen der Marats! — Ihr seyd beiden Partheien verhaßt, und früh oder spät das Opfer einer dritten.

―――――

Sechzehnte Fabel.
Der Adler und der Käfer.

Der Adler begegnete einem Käfer in der Luft, und schlug ihn mit den Flügeln zu Boden. Der Käfer sagte kein Wort; aber er war tief gekränkt, und sann auf Rache.

Wenig Wochen darauf hatte der Adler Eyer gelegt. Der Käfer, der in der Nachbarschaft war, benutzte eines Tages seine Abwesenheit, flog in das Nest, und zerbrach sie.

Der Adler kam zurück; er sah seine Hofnungen vernichtet. Er baute sein Nest

Nest höher, und legte andere Eyer. Aber der Käfer ersah auch jetzt seine Zeit, und zerbrach sie zum zweitenmale.

»O, Jupiter, mein Schutzgott!« — rief der Adler: — »Ein unglückliches Schicksal verfolgt mich überall. Erlaube, daß ich meine Eyer in deinen Schooß niederlege.« — Der Vater der Götter erlaubte es.

Doch der Käfer war noch nicht versöhnt; seine Rache verfolgte seinen Feind auch dahin. Er machte eine kleine Kugel von Koth, und warf sie Jupiter in den Schooß. Was geschah? Da der Vater der Götter sie abschütteln wollte, verguß er die Eyer; sie fielen herunter, und zerbrachen.

So verachtete der Hof die Girondisten, und sie rächten sich durch seinen Untergang.

Siebzehnte Fabel.
Der Geyer und der Rabe.

Der Geyer war auf ein Lamm gestoßen, und flog damit davon. Der Rabe, der das sahe, wollte ihm nachahmen, ohne an seine Schwäche zu denken. Aber er blieb mit seinen Krallen in der Wolle hängen, und wurde von dem Schäfer todtgeschlagen.

Mächtige Kaiser und Könige! Nehmet Provinzen weg; ihr habet die Macht dazu. Allein wenn kleine Fürsten ihren Nachbarn in das Land fallen, so geht es ihnen wie dem Raben.

Achtzehnte Fabel.
Der Löwe und der Esel.

Der Löwe ging auf die Jagd; er nahm den Esel mit, stellte ihn hinter ein Gebüsch, und befahl ihm, aus Leibeskräften sein Jha zu schreien. Der Esel schonte seine Lunge nicht; die Thiere liefen neugierig herbei, und der Löwe erlegte eine große Menge.

»Bin ich nicht recht tapfer gewesen?« sagte der Esel. — »Ja! geschrien hast du wacker;« — antwortete der Löwe: — »aber davon fällt niemand.« —

Elende Pamphletisten, die ihr die Fürsten zum Blutvergießen erhitzet, ihr prahlet nicht besser, als der Esel. Marktschreierische Pfaffen! alle eure Verwünschungen, alle eure politischen Controverspredigten haben kein andres Verdienst als das Schreien des Esels.

Neunzehnte Fabel.

Die
Revolution im Thierreiche,
oder
der Magen und die Glieder.

Die Thiere waren der königlichen Regierung überdrüßig; sie hatten den Löwen abgesetzt; es war niemand auf seiner Seite als der Fuchs.

»Aber laßt mich ein einziges Wort sagen!« — sprach er: — »Die Glieder empörten sich einmal gegen den Magen. Der unnütze Müßiggänger —

sagten sie: — thut nichts als wohlleben und verdauen, indeß wir uns zu Tode für ihn arbeiten. — Sie beschlossen ihm nichts mehr zu reichen.»

»Was geschah? Der Magen litt freilich; aber sie fühlten bald, daß sie mitlitten. Sie wurden alle Tage matter und kraftloser; sie sahen endlich ein, daß sie den meisten Vortheil vom Magen hatten. Eben so ist es mit der königlichen Gewalt. — fuhr der Fuchs fort: — Auf ihr beruht das allgemeine Beste; alle anderen Stände, mit einem Worte, die ganze Nation bestehet nur durch sie!« —

»Du vergissest einen kleinen Umstand;« — fiel die Schlange ein: — »der Magen isset und nützet zugleich; die meisten Könige essen nur.«

———

Zwanzigste Fabel.
Die Frösche.

»Einen König! Einen König!« — schrien die Frösche zu Jupiter empor. Sie schrien so lange, daß er sich endlich erbitten ließ, und ihnen ein Stück Holz herunterwarf. Aber in wenig Stunden war der neue König zum Gespött geworden; und sie forderten einen andern.

Jupiter, den ihr Ungestüm verdroß, beschloß sie zu strafen, und schickte den Kranich. Dieser fing seine Regierung mit einem Gastmahl an, wobei er und seine Freunde einige Schock verzehrten.

»Ach!« — seufzte ein alter Frosch, der sich in der Tiefe des Sumpfes verkrochen hatte: — »lieber einen albernen König, als einen Tyrannen!

Ein und zwanzigste Fabel.
Der Fuchs und die Weintraube.

Ein Fuchs sah eine schöne Weintraube hängen. Er bekam Appetit darnach, und wollte an dem Spalier hinaufspringen. Da sie aber zu hoch hing, konnte er sie nicht erreichen. — »Aber sie ist ja so nicht reif!« — sagte er endlich verächtlich, und ging fort.

Geschichte gewisser Rückzüge! — Aufgehobene Belagerungen! Rapporte commandirender Generale!

Zwei und zwanzigste Fabel.

Der Wolf in Schaafskleidern.

Ein alter Wolf, den die Kräfte verlassen hatten, suchte durch List zu ersetzen, was ihm an Stärke fehlte. Er nahm eine Schaafshaut um, und verkleidete sich so gut, daß er unbemerkt mit in die Hürde kam. Schon glaubte er gewonnen zu haben, und wartete nur auf die Nacht um sein Bubenstück auszuführen, als der Hund ihn am Geruch erkannte.

Despoten! Vergebens macht ihr die guten, populären Fürsten. Ihr könnt den einfältigen Haufen täuschen; der Kluge erkennt euch immer an etwas.

Drei und zwanzigste Fabel.
Der Hausvater und das Götzenbild.

Ein Peruaner hatte ein hölzernes Götzenbild in seinem Hause, das er als den Schutzgott desselben verehrte. Er überhäufte es mit Geschenken und Ehrenbezeugungen; gleichwohl brachte es ihm wenig Glück.

Als er nun eines Tages seine Axt, sein Beil und seinen Kahn verloren hatte; so kam er voller Grimm nach Hause, machte sich über sein Götzenbild her, und zerschlug es.

»Ha!« — rief er freudig, als eine Menge Goldstücke herausfielen: — »Warum habe ich das nicht eher gethan?«

Was sollen die Klöster und die Pfaffen mit ihren Messen und Prozessionen? Nehmet ihr Gold, und machet sie zu Soldaten! Das wird dem Feinde Abbruch thun.

Vier und zwanzigſte Fabel.
Das Cameel und die Menſchen.

Der Erſte, der ein Cameel erblickte, hatte in ſeinem Leben noch keines geſehen. Er floh davor, wie vor einem Ungeheuer. Der Zweite wurde ſchon dreiſter; er blieb ſtehen, und betrachtete es in der Ferne. Der Dritte ging beherzt darauf zu, und beſah es in der Nähe. Der Vierte warf ihm eine Schlinge um den Hals, zähmte es durch Hunger, und machte es zum Laſtthier.

»Ach!« — ſagte das Cameel zu ſich ſelbſt: — »Ich kann mich tröſten;
den

Den Königen ist es nicht besser gegangen! Erst abgöttische Ehrfurcht und das heiligste Stillschweigen! Zuletzt Entthronungen und Nationalconvente!

―――

Fünf und zwanzigste Fabel.
Das Pferd und der Hirsch.

Als die Thiere noch in ihrer Freiheit lebten, hatte das Pferd den Tod des Hirsches beschlossen, den es haßte. Nach einigen vergeblichen Versuchen bat es den Menschen um seinen Beystand, und ließ ihn aufsitzen. Er legte dem Pferde Gebiß an, nahm einen Wurfspieß, verfolgte den Hirsch, und erlegte ihn glücklich.

»Sey bedankt!« — sagte das Pferd: — und wollte fortgehen. Aber der Mensch hielt es mit dem Gebiß zurück. — »Nein!« — gab er zur Antwort: — »So habe ich es nicht gemeint!« — Und von nun an blieb das Pferd in der Sklaverey.

Die Geschichte von P—n seit 1766.

Sechs und zwanzigste Fabel.
Der Fuchs und die Büste.

Ein Fuchs trat in die Werkstätte eines Künstlers, und sah eine hohle Büste von Gyps mit einer Krone. »Ach wie schön!« — rief er aus: »Wenn sie nur auch Gehirn hätte!« —

Der Fuchs wußte nicht, daß die Kronen in der Regel auf leeren Köpfen stehen; so wie umgekehrt die leeren Köpfe auf den Kronen!

Sieben und zwanzigste Fabel.
Die beiden Töpfe.

Der allgemeine Krieg war bis in die Küche gedrungen. Der Kessel hatte ein Manifest gegen den eisernen Topf erlassen; und dieser wollte sich mit seinem Nachbar, dem thönernen Topf, verbinden. — »Aber bedenke, mein theurer Bruder!« — war die Antwort: — »Ich bin so schwach, so zerbrechlich! Wenn er auf mich stürzte, ich wäre auf immer verloren! — »Sey ohne Sorge!« — erwiederte er: — »Ich werde mich vor dich stellen, und dich decken.«

Der Traktat war geschlossen; die Feindseligkeiten gingen an; der Kessel stürzte wüthend auf seine Feinde. Doch der thönerne Topf fühlte den Schlag allein, und bekam eine ziemliche Wunde.

Ein zweiter Angriff; er bekam noch eine. Ein dritter; und er war in Stücken.

Ohnmächtige Alliirte großer Mächte gegen noch größere! England und Sardinien!

Acht und zwanzigste Fabel.
Das Camäleon und die Vögel.

»Es lebe die schwarze Farbe!« — schrie ein Rabe. Ein Camäleon hörte es, und färbte sich schwarz. — »Nein, die weiße soll leben!« rief einige Minuten darauf ein Schwan; und flugs wurde es wieder weiß. — »Pfuy, Schwarz und Weiß!« — sagte der Zeisig: — »Gelb ist die schönste!« — »Gelb?« — fiel die Wachtel ein: — »Grau willst du sagen« — »Und ich meine Grün! Grün!« — wiederholte der Papagey.

Das Camäleon nahm alle Farben an, in einem Augenblicke, eine nach der andern. Es wollte sich alle Vögel zu Freunden machen; und wurde allen verächtlich.

Zeitungsschreiber! — Politische Amphibien! — Hofleute! —

―――――

Neun und zwanzigste Fabel.
Der Esel und der Hase.

»Fort!« — sagte der Löwe zu seinem Geheimschreiber, dem Luchse. — »Setze mir gleich ein Decret auf! Sie sollen mir alle aus dem Lande! Alles was Hörner hat! Sie sind mir zu klug! Es sind lauter Jacobiner!« —

Das Decret wurde gegeben, und alle gehörnte Thiere mußten das Land verlassen. — »Ach!« — sagte der Esel zum Hasen: — »Wie wird es uns gehen! Wie leicht kann man unsere Ohren für Hörner ansehen!« —

Der Hase schlug vor, sich an den Geheimschreiber zu wenden.

Sie trugen Ihre Sache vor. — »Seyd unbesorgt!« — war die Antwort: — »Esel und Hasen verkennt man nicht!« —

Wem fallen hier nicht gewisse andere Decrete ein?

———

Dreißigste Fabel.
Der Berg.

Der Donner rollte, die Erde zitterte, der Berg wankte von seinem Fuße bis zum Gipfel, die ganze Natur war in Aufruhr.

»Was wird da herauskommen?« — sagten die erschrockenen Bauern, die in die Ebene geflohen waren: — »Wird er eine neue Schöpfung gebähren? Wird er eine neue Provinz von sich geben?« —

In dem Augenblicke borst der Berg mit einem schrecklichen Getöse; und es kam nichts heraus, als — Wind.

Die Convention von —z!

Ein und dreißigste Fabel.
Die beiden Ärzte.

———

»Ich sage, er stirbt!« — »Und ich behaupte, er bleibt leben.« — So stritten sich zwei Ärzte, die man zu gleicher Zeit zu einem Kranken gerufen hatte. — Indeß sie nun jeder den andern zu überzeugen suchten, verschied der Kranke.

»Habe ich's nicht gesagt?« — triumphirte der Erste. — »Hätte er mir geglaubt, er lebte noch!« — sagte der Andere. —

Sehet unsere neuen politischen Astrologen an! Mit welcher Unverschämtheit sie den Staaten die Nativität stellen!

Zwei und dreißigste Fabel.
Der Esel mit den Reliquien.

Ein Esel trug ein Kästchen mit Reliquien. Die frommen Seelen, die ihm begegneten, warfen sich andächtig in den Koth davor nieder. — »Wie verehrt ich bin!« — sagte der Esel, und reckte seine Ohren hoch in die Luft: — »Alles beugt sich vor mir!«

»Elender Wicht!« — gab ihm sein Treiber zur Antwort: — »Du räsonnirst wie ein —sel mit Stern und Orden!«

Drei und dreißigste Fabel.
Der Hirsch und der Zaun.

Ein Hirsch, der von der Jagd verfolgt wurde, rettete sich mit einem kühnen Sprunge hinter einen lebendigen Zaun. Die Hunde hatten die Fährte verloren; die Jäger wollten umkehren; als der Hirsch anfing an den Blättern zu nagen.

Wie undankbar! Aber in dem Augenblicke verrieth er sich auch; man stürzte auf ihn zu, und der Zaun wurde mit seinem Blute gefärbt.

Emigrirte! Merkt euch das!

Vier und dreißigste Fabel.
Der Hund und die Feile.

Eine Feile fiel vom Tische herunter, und beschädigte einen Hund. Wüthend stürzte er über sie her, und wollte sie zerreißen.

»Laß das gut seyn!« — sagte sie: — »Eher würdest du dir die Zähne ausbeißen.«

Alliirte! so macht doch Frieden!

Fünf und dreißigste Fabel.
Das Rebhuhn und die wilde Ente.

Ein Rebhuhn wurde von einem Geyer ergriffen. Eine wilde Ente, die es sahe, frohlockte mit boshafter Schadenfreude darüber. »Deine Zeit wird auch kommen!« — rief ihr das sterbende Rebhuhn zu: und in dem Augenblicke traf sie der Schuß eines Jägers.

Girondisten! Die Jacobiner feierten euren Tod als ihren Triumph. Die Zeit hat euch gerächt!

Sechs und dreißigste Fabel.
Die beiden Mäuse und die Ratte.

Zwei Mäuse hatten eine Auster gefunden, und jede wollte sie allein haben: man beschloß endlich die Ratte zum Schiedsrichter zu nehmen, und überlieferte ihr das streitige Gut. Sie öffnete die Auster, und schluckte sie hinunter: — »Hier ist für jeden eine Schaale!« — sagte sie: — »Das erste war für die Gebühren.

L—r Streitigkeiten!

Sieben und dreißigste Fabel.
Der Affe und die Nüsse.

Ein Affe nahm zwei Nüsse. Um sie zu öffnen, drückte er sie heftig gegen einander. Die schwächste zerbrach. Jetzt kam eine dritte, eine vierte, und so ein Hundert an die Reihe; immer wurde eine durch die andere zerdrückt; als auf einmal ein Felsenstück losbrach, und den Affen selbst zerschmetterte.

Orleans, Brissot, Danton, Vincent u. s. w. Der Affe war Robespierre!

Politische Fabeln.

Zweites Buch.

Les fables ne sont pas ce qu'elles semblent être:
Le plus simple animal nous y tient lieu de maître.
Une morale nue apporte de l'ennui:
Le conte fait passer le précepte avec lui.

LA FONTAINE.

Erste Fabel.
Die Königswahl.

Der Löwe war gestorben; und die Thiere versammelten sich, einen Nachfolger zu wählen. Die Reichskrone wurde gebracht; die Stimmen wurden gesammelt; jeder schlug einen von seiner Familie vor: es war nichts als Verwirrung.

— »Ein Wort!« — sagte der Fuchs: — »Laßt uns sehen, wem die

Krone am besten paßt, und er soll König seyn!» —

Der Vorschlag gefiel; man schritt zum Werke. Der Tiger, der Bär, der Wolf, die Hyäne — alle probirten sie auf, und alle Stimmen waren wider sie.

Die übrigen Thiere folgten; keines gefiel. Endlich trat auch der Esel auf. Die Krone saß mahlerisch zwischen seinen beiden langen Ohren, die wie Schildträger aussahen.

»Vortreflich! Vortreflich!« rief die ganze Versammlung: — »Es lebe der König! — »Und nach sichern Nachrichten soll die Krone von der Zeit an, bei seiner Familie geblieben seyn.

Zweite Fabel.
Die Bärenhaut.

Zwei Bauern, die in Geldnoth waren, gingen zu einem Kürschner. — — »Wir wollen dir eine Bärenhaut liefern!« — sagten sie: — »Aber du mußt uns vorausbezahlen!« — Der Kürschner ging den Handel ein, und sie versprachen sie morgen zu bringen.

Jetzt eilten sie in den Wald. — »Wir wollen ihn schon kriegen!« — sagte der Eine. — »Das ist Kleinigkeit!« — sprach der Andere: und so standen sie auf der Lauer.

Aber jetzt kam der Bär mit blitzenden Augen und gräslichem Rachen. — »O, heilige Jungfrau!« — schrieen sie beide: und wollten fliehen. Aber der Bär faßte den letzten beim Kragen, und erwürgte ihn.

Halb todt vor Schrecken kam sein Gefährte zum Kürschner. — »Hier ist mein Antheil wieder!« — sprach er weinend: — Mein Gefährte ist zerrissen; ich kann dir keine Haut liefern.« —

»Aber warum verkauftet ihr sie denn, ihr Schurken?« — indem er ihn zur Thüre hinausschob: — »Das kommt mir vor, wie die Theilung von —ch!« — setzte er leis hinzu.

Dritte Fabel.
Der Esel in der Löwenhaut.

Der Esel hatte eine Löwenhaut gefunden. Er zog sie an, und alles flohe vor ihm; als durch Zufall das linke Ohr sichtbar wurde. Ein Hund, der das bemerkte, erkannte den Esel, und fiel ihm wüthend in die Beine. »Ey! seht doch den tapfern Hund an, der einen Löwen verjagt!« — schrien die Leute in der Ferne. —

Geheime Geschichte siegender und besiegter Generale!

Vierte Fabel.
Der Tiger und der Hase.

»Wenn ich ihn finde, den Räuber, er soll es mit seinem Blute bezahlen!« — so schwur ein Hase, dem man seine Jungen genommen hatte. In dem Augenblicke ging ein Tiger vorbei, der noch eines davon im Rachen trug. — »O, Jupiter!« — schrie der Hase: und lief davon.

Wie mancher General, der im französischen Kriege von »Hasenjagden« sprach!

Fünfte Fabel.
Die Sonne und die Frösche.

Die Sonne hatte einmal den Vorsatz, sich zu verheirathen. Kaum erfuhren das die Frösche, so entstand ein allgemeines Wehklagen. »Was wird aus uns werden?« — sagten sie: — »Eine einzige Sonne trocknet schon alle unsere Sümpfe aus! Wenn sie nun vollends Kinder bekömmt? Ach, es ist um unser Geschlecht geschehen!«

Mich dünkt, ich höre die stillen Seufzer der Nationen, die außer ihrem Sultan noch seine Frau und seine Odalisken, seine ächten und unächten Kinder, seine Herren Brüder und Frauen Schwestern, Herren Vettern und Frauen Muhmen ernähren müssen.

Sechste Fabel.
Der Bauer und sein Esel.

»Geschwind! Zu den Waffen!« — rufte ein Bauer seinem Esel zu — als die Feinde im Anrücken waren. — »Zu den Waffen?« — antwortete dieser: — »Ich sehe nicht ein, warum? Mir kann es gleichgültig seyn, wem ich gehöre. Ich muß einmal Lasten tragen; gleichviel wer sie mir auflegt.« — So sprach er, und erwartete die

Ankunft der Feinde, ohne sich von der Stelle zu rühren.

Aufruf zur Vertheidigung des Vaterlandes! das heißt: des fürstlichen Interesse!

———

Siebente Fabel.
Der Hund und sein Schatten.

Ein Hund, der ein Stück Fleisch im Munde trug, ging über einen Steg, und sah seinen Schatten im Wasser. Da er glaubte, es wäre ein andrer Hund, der ein größeres Stück hätte; so wollte er es ihm abjagen, ließ das seinige fallen, und sprang hinein. Zum Unglück gerieth er in einen Wirbel, und ertrank.

So hat mancher Fürst sich und seine Nation aufgeopfert, um eine vergebliche Eroberung zu machen!

Achte Fabel.
Der Esel und seine Herren.

Ein Esel war bei einem Gärtner, der ihn täglich mit Körben nach der Stadt trieb. — »O Jupiter!« — flehte er: — »Was für ein elendes Leben! Gieb mir einen andern Herrn!« —

Jupiter erhörte ihn. Es mußte sich fügen, daß ihn ein Gerber kaufte. »O, Vater der Götter!« — seufzte der Esel schon am andern Tage: — »Wie unglücklich hast du mich gemacht! Sonst trug ich nicht halb so schwer; sonst hatte ich noch manches Kohlblatt für mich;

jetzt erlieg' ich unter der Last der stinkenden Häute, und habe nichts als Disteln!» —

Jupiter war gnädig; er that ihn zu einem Köhler. — »O, Vater der Götter!» — flehte er nach wenig Stunden: — »Laß mich lieber zu meinem vorigen Herrn zurückkehren. Er war doch der beste!» —

»Wie?» — sagte Jupiter zornig: — »Bist du auch wie die Menschen, die unaufhörlich ihre Regierungsformen ändern, und am Ende nicht wissen, was sie wollen?»

Neunte Fabel.
Der Gerichtstag der Thiere.

Unter den Thieren wüthete eine fürchterliche Pest; der Löwe schrieb einen großen Gerichtstag aus. — »Laßt uns sehen, wer der Sünder ist, der den Zorn des Himmels über uns bringt!« —

Der Tiger, der Bär, die Hyäne, der Leopard, der Wolf und alle die übrigen Raubthiere wurden vorgefordert. Man fand viele Klagen wider sie; doch sie rechtfertigten sich, und wurden losgesprochen.

Endlich kam auch die Reihe an den Esel. »Das ist der Verruchte!« — schrie alles: — »Hat er nicht neulich einen Kohlkopf gestohlen?« — Der Esel konnte es nicht leugnen, und wurde zum Tode verdammt.

»Ach?« — seufzte er sterbend: — »Und von dem Löwen selbst spricht niemand? Und die Räubereien der übrigen sind alle vergessen?« —

Moral und Politik!

Zehnte Fabel.
Die Maus und der Käse.

Eine Maus war des Weltlebens überdrüßig; sie fand einen holländischen Käse, grub sich hinein, und hatte so Wohnung und Nahrung zugleich.

Bald darauf entstand ein Krieg zwischen den Mäusen und Ratten. Die ersten schickten an alle ihre auswärtige Brüder herum, um eine Kriegssteuer einzusammeln. Endlich kamen die Gesandten auch zu unsrer Maus.

»Wie?« — sagte sie: — »Ich, Steuern geben? Was könnet ihr von einer armen Einsiedlerinn verlangen? Ist's nicht genug, daß ich für euch bete?» — So sprach sie: und kehrte ihnen den Rücken.

Klostergeist! Mönchsegoismus! der nichts zu den Lasten des Staats beitragen will! — Wann wird die katholische Welt aufgeklärt genug werden, um das überall einzusehen?

Eilfte Fabel.
Das Pferd und der Esel.

„Lieber! Nimm mir etwas von meiner Last ab!" — sagte der Esel zum Pferde: — „Sie ist zu schwer für mich; ich erliege!" — Das Pferd schlug es ihm höhnisch ab; der Esel blieb liegen, und starb. Darauf bekam das Pferd die ganze Last desselben, und seine Haut obendrein zu tragen.

Nationen! Provinzen! Die Bedrückung einer Stadt, die Mißhandlung eines Bürgers geht euch alle an!

Zwölfte Fabel.
Der Hof des Löwen.

Der Löwe hatte einen Landtag ausgeschrieben; alle übrige Thiere kamen in seine Höhle. — »Was für ein abscheulicher Geruch!« — sagte der Bär: und in der That, die Höhle sah einem Anger ähnlich.

Den Löwen verdroß diese Bemerkung; er zerbrach ihm das Genikke.

»Vortreflich!« — grinzte der Affe, und sprach von Ambraduft und Gnade! Seine alberne Schmeichelei mißfiel nicht weniger: mit genauer Noth konnte er sich vor den Klauen des Löwen retten.

»Aber was riechst denn Du?« — fragte er jetzt den Fuchs. — »Deine Majestät verzeihe! Ich habe den Schnupfen!« — war die Antwort.

Sehet! So muß man mit den Fürsten sprechen!

Dreizehnte Fabel.
Die Geyer und die Tauben.

Die Geyer lagen im Kriege, er wurde von beiden Seiten mit blutiger Erbitterung geführt. Die friedfertigen Tauben, die das Metzeln nicht mehr mit ansehen konnten, beschlossen die Vermittlerinnen zu werden, und schickten auch wirklich Gesandten ab.

Ihre Bemühungen waren nicht vergebens; ihre Vorschläge wurden gehört, und die kämpfenden Partheien machten Frieden.

Aber was war die Folge? Zur Dankbarkeit vereinigten sich beide, die Tauben auszurotten.

Mächte der dritten Classe! menget euch nicht in die Streitigkeiten der großen Nationen! Nehmet ein Beispiel an den Tauben!

———

Vierzehnte Fabel.
Die Hähne.

Zwei Hähne stritten um die Oberherrschaft. Endlich siegte der eine, und sein Gegner blieb auf dem Platze. Welcher Triumph! Welche Siegesgesänge! Alle Hühner wetteiferten, ihm zu gefallen.

Aber sein glücklicher Erfolg machte ihn übermüthig. Er nahm sich vor, alle Hähne der Nachbarschaft auszurotten, und sich zum Herrn aller ihrer Hühner zu machen.

So beschlossen: und er trat seinen Ritterzug an. Aber die andern Hähne hatten indessen Nachricht davon bekommen. Sie vergaßen ihr einseitiges Interesse über der allgemeinen Gefahr; sie verbanden sich, fielen alle auf einmal über ihn her, und hakten ihn todt.

Pläne von Universalmonarchien! Eroberungsprojekte nach einigen glücklichen Schlachten! Riesenentwürfe von Unterjochung des Erdbodens! — Sie haben nicht besser geendigt. Die Geschichte ist voll von solchen Beispielen!

———

Funfzehnte Fabel.
Die beiden Bären.

Zwei Bären begegneten einander. — »Laß uns zusammen jagen!« sagte der eine: und es wurde angenommen.

Sie gingen lange, ohne etwas zu finden. Endlich wurde beschlossen, der eine sollte auf einen Baum steigen, um ein Wildprett zu entdecken, — der andere indessen Schildwache stehen.

»Was sehe ich?« — schrie jener, als er auf dem Gipfel des Baumes war: — »Mein Gefährte hat sich in eine Ratte verwandelt!« — »Was ist dir?« — rufte dieser am Fuße des Baumes: — »Du bist ja zu einem Vogel geworden!« —

Indem brach ein Ast; jener stürzte vom Baume herunter, und sie erkannten mit Erstaunen ihren gegenseitigen Irrthum.

Du stehest auf dem Gipfel der Größe; du siehst auf mich an der untersten Stufe mit Verachtung herab. Ich bin ein Zwerg in deinen Augen, und du erscheinst mir wie eine Motte.

Sechzehnte Fabel.

Das Wiesel, die Katze und das Kaninchen.

Ein junges Kaninchen war aus seiner Höhle gegangen. Bey seiner Zurückkunft fand es ein Wiesel darin, das sich derselben bemächtigt hatte. »Heraus mit dir!« — war die Anrede: — »Die Höhle ist mein! Du hast sie usurpirt! Du hast sie widerrechtlich eingenommen! Heraus mit dir!« —

Das Wiesel antwortete; und es erhob sich ein heftiger Streit über die beiderseitigen Rechte. — »Ich habe sie entdekt, ich habe sie unbewohnt gefunden; also gehört sie mir!» — Nach langen Zanken beschlossen sie endlich, eine alte Katze, die in der Nähe wohnte, zur Schiedsrichterinn zu nehmen.

Sie kommen an, sie tragen ihre Sache vor. — »Tretet doch ein wenig näher!» — hieß es: »Ich bin zu alt, ich höre nicht gut!» — Die Partheien vermutheten nichts arges, als die Katze auf sie sprang, und mit beider Tode die Streitigkeit beendigte.

Geschichte gewisser Colonien, und gewisser kleinen Republiken!

Siebzehnte Fabel.

Der Schlangenschwanz.

»Wie? —» sagte der Schwanz einer Schlange zum Kopfe: — »Bin ich nicht eben so gut als du? Wer zwingt mich, dir überall nachzufolgen? dir immer den Vorrang zu lassen? Geh', wenn du kannst, und wohin du willst; ich werde sehen was ich thue.»

Der Kopf setzte sich in Bewegung, der Schwanz ebenfalls; jener dorthin, dieser hierher. Beide strengten sich an; keiner kam von der Stelle. Sie machten so lange, daß die Schlange platzte.

Vergleicht die Mittelgeschichte der italienischen Staaten! Verfolgt das Spiel der Partheien in so manchen andern; und sehet, wohin die Nation gekommen ist!

2.

»Du hast lange genug regiert!« — sagte der Schwanz zum Kopfe: — »Und ich habe dir lange genug gefolgt. Jetzt ist an mir die Reihe. Jetzt muß ich vorangehen!«

Der Kopf willigte ein: sie traten die Reise an; und der Schwanz eilte gerade ins Feuer.

Wie viel solche Blinde bei dem Wechsel der Regierungen! Wie viel solche hirnlose Schwänze!

Achtzehnte Fabel.
Die Astronomen.

»Himmel! was sehe ich?« — schrie ein Astronom: — »Ein fürchterliches Ungeheuer droht den Mond zu verschlingen! Ein scheußlicher geflügelter Drache mit tausend Füßen!« Vor Entsetzen warf er das Telescop weg.

Sein Gefährte nahm es auf, ohne ein Wort zu sagen, schraubte das Objektglas ab; und es flog eine Mücke heraus. — »Das ist der Drache!« —

sagte er: — und von nun an erschien der Mond wieder rein.

Wem fallen hier nicht Sch—che Prophezeyungen ein!

———

Neunzehnte Fabel.
Der Adler und der Zaunkönig.

Ein Zaunkönig ließ von ohngefähr etwas von seinem Kothe auf einen Adler fallen. Entrüstet flog der königliche Vogel zum Jupiter. — »Räche mich, Vater der Götter!« — rief er: — »Räche mich an diesem Elenden! Vertilge sein ganzes Geschlecht von der Erde!« —

»Aber,« sagte Jupiter gelassen zu dem Günstling: — »Ist er nicht auch mein Geschöpf?« —

Geschichte gewisser Verordnungen! —Favoriten! Ihr seid nicht die Nation!

Zwanzigste Fabel.
Der Pudel und die andern Hunde.

Ein Pudel war abgerichtet worden, für seinen Herrn täglich zum Speisewirth zu gehen. Er hing sich die Schüsseln mit einem Riemen an den Hals, und überlieferte sie mit der größten Treue, ohne sie anzurühren.

Eine Zeitlang ging das vortreflich. Einmal aber begegneten ihm einige andere Hunde, fielen ihn an, und wollten seine Schüsseln plündern. Um sich besser zu vertheidigen, setzte unser Pudel seine Last ab; der Kampf begann, aber es kamen mehrere Hunde dazu, und er wurde überwältigt.

Als er nun sahe, daß alles verloren war, fiel er zuerst über den Braten her, und verschlang zwei der besten Stücke. »Da!« — sprach er: — »Nehmet das übrige nach Belieben, und laßt uns Freunde seyn.« —

Verwaltung der Republiken! — Finanzminister! —

Ein und zwanzigste Fabel.
Die Maus und die Auster.

Eine Schiffsmaus sahe am Ufer eine Auster liegen, die ihre Schaale geöffnet hatte. — »Was für ein herrlicher Leckerbissen!« — sagte sie: und steckte den Kopf hinein, um sie zu verschlingen. Aber im Augenblicke schloß die Auster die Schaale, und die Maus war erwürgt.

Wie mancher Eroberer wird selbst entthront!

Zwei und zwanzigste Fabel.
Der Hund und sein Herr.

Ein Bauer hatte sich ins Gras gelegt, und schlief. Sein Hund hielt Wache bei ihm. Indem kam eine große Bremse, und setzte sich auf die Stirne des Schlafenden. Der Hund ermangelte nicht, sie fortzujagen; sie kam wieder: er that es ein zweitesmal, ein drittesmal; sie ließ sich nicht abschrecken.

»Verdammtes Thier!« — schrie der Hund entrüstet: — »Ich will doch sehen, wer Herr bleibt!« — nahm einen Stein, und warf nach ihr. Frei=

lich tödtete er sie, aber die Stirn seines Herrn wurde zugleich zerschmettert.

Ihr befreiet euer Vaterland von einem Tyrannen, und stürzet es zugleich ins Verderben!

Drei und zwanzigste Fabel.
Licht und Sonnenschein.

Ein marokkanischer Kaiser verbannte einmal alle Lichtzieher, Lampen- und Öhlverkäufer aus seinem Lande. — »Wozu brauchen meine Sklaven zu sehen? Das verdirbt ihnen nur die Augen!« — sagte er. — »Aber was wird es dir helfen?« — erwiederte sein Bezir: — »Kannst du die Sonne auslöschen, und den Mond verdunkeln? Scheinen sie nicht von selbst?«

Schriftsteller! — Bücherverbote! Vernunft-Inquisitionen! — Wahrheit! —

Vier und zwanzigste Fabel.
Die Katze und die Ratte.

Eine Eule, ein Wiesel, eine Katze und eine Ratte wohnten alle vier auf einem Baume. Die Eule hatte den Gipfel inne, die Katze die Mitte, das Wieselnest war etwas tiefer, und das Rattenloch am Fuße.

Eines Morgens ging die Katze aus, und fiel in eine Schlinge, nicht weit vom Baume. »Ach lieber Bruder!« — schrie sie der Ratte zu, die neugierig aus ihrem Loche sahe: — »Hilf mir! ich beschwöre dich! Ich war nie deine Feindinn! Verlaß mich nicht in meiner Noth!«

Die Ratte schien unentschlossen. — »Ja!« — fuhr die Katze fort: — »Ich schwöre dir ewige Freundschaft! Ich will mich mit dir verbinden; ich will deine Feinde, Wiesel und Eule, ausrotten helfen; aber befreie mich!« —

Die Ratte ließ sich erbitten; die Schlinge war bald zernagt: aber kaum hatte die Katze die Pfoten frei, als ihre Wohlthäterinn auch schon erwürgt war.

Vergleichet die Geschichte der Alianzen!

Fünf und zwanzigste Fabel.
Die Wölfe und der todte Esel.

———

Zwei Wölfe faßen am Strande. — »Was schwimmt dort in der Ferne?« — sagte der eine: — «Ist's ein Ochse, ein Pferd? — »Was thut das?« — gab sein Kamerad zur Antwort: — »Genug, es ist ein Thier. Auf! Wir müssen es haben!«

Jetzt war guter Rath theuer. Wie hinüber zu kommen? Die Entfernung war zu groß, der Wind entgegen, und hinüber zu schwimmen, nicht rathsam. »Wir wollen das Meer aussaufen!«

— riefen sie einstimmig: — »Wir sind durstig; was will das sagen? In kurzem wird der Leichnam auf dem Trocknen seyn!«

Sie soffen, und in der nächsten Viertelstunde waren beide geplatzt. Was sie für einen Leichnam gehalten hatten, war eine Schiffstonne gewesen.

Fürsten! Um einer ungewissen Eroberung willen, erschöpft ihr eure Nation schon durch die Zurüstungen!

―――――

Sechs und zwanzigste Fabel.
Die Birken und die Fruchtbäume.

»Worüber beklagt ihr euch, Undankbare?« — sagten die Birken zu einer kleinen Pflanzung von Fruchtbäumen, die neben ihnen standen: — »Schützen wir euch nicht großmüthig vor Hitze und Kälte? Halten wir nicht die gefährlichen Winde von euch ab?«

»Ach leider!« — sagten die Fruchtbäume, die schon ganz auf die andere Seite gebeugt waren, und vor Mangel an Luft und Sonne verstockten: — »Ach leider, schützet ihr uns nur zu sehr!«

Sieben und zwanzigste Fabel.
Der Bär und der Jäger.

Ein Jäger hatte einen Hasen erlegt. — »Gut!« — sagte er: — »Noch einen!« — Er traf ihn. — »Jetzt ein Reh!« — fuhr er fort: — Das Reh war geschossen. — »Und einen Hirsch!« — Er bekam ihn! — »Ich möchte wohl auch einen Bär haben!« — Der Bär zeigte sich; der Jäger fehlte, und wurde zerrissen!

Glückliche Sieger, merkt euch das!

Acht und zwanzigste Fabel.
Der Baum und das Moos.

»Sey dankbar!« — sagte das Moos zum Baume: — »Ich schütze dich vor den Stichen der Insekten!« — »Die fühle ich nicht!« — erwiederte dieser: — »Aber du saugst mich aus!« —

Staatsbeamte!

Neun und zwanzigste Fabel.
Der Hund und der Wolf.

»Laß uns einen Waffenstillstand eingehen!« — sagte der Wolf zum Hunde, der ihn eben bei den Ohren hatte. — »Damit du dich erholen kannst! nicht wahr?« — erwiederte dieser: — »Besser! ich mache dir vollends das Garaus; die Gelegenheit möchte nicht wieder kommen.« —

Wie viel Generale hätten so klug seyn sollen!

Dreißigste Fabel.
Der Knabe und die Stahlfeder.

Ein Knabe spielte mit einer Stahlfeder. Er legte erst kleine Sachen darauf; es war Kinderspiel für die Feder. Nach und nach nahm er schwerere; sie mußte sich etwas mehr anstrengen. Endlich wollte er ein großes Stück Eisen darauf legen. — »Wie?« — sagte die Feder: — »Meinst du, ich hätte meine Kraft verloren? — Sieh! noch habe ich gerade genug, um mich der letzten Zerstörung zu widerſetzen!»— So ſprach ſie, ſchnellte empor, und ſchlug ihm ein Auge aus.

Volksdruck — Volksſtimme — Volksrache!

Ein und dreißigste Fabel.
Der Hund ohne Ohren.

Ein Schäfer schnitt seinem Hunde die Ohren ab; dieser winselte erbärmlich. — »Warum schändest du mich so grausam?« — fragte er. — »Thor!« — antwortete der Schäfer: — »damit dich der Wolf nicht dabei packen kann!« —

Schurken am Ruder! Wer kann euch bei eurer Ehre angreifen? Ihr habt keine mehr!

Zwei und dreißigste Fabel.
Die Blumen und die Decke.

Es drohte zu hageln; ein vorwitziger Knabe warf eine dicke Decke auf ein Blumenbeet, um es zu erhalten. — »Schütze ich euch nicht vor dem Hagel?« — sagte die Decke zu den Blumen. — »Es hagelt noch nicht; — antworteten diese: — »und unterdessen erdrückst du uns!«

2.

Der Hagel kam, die Körner waren nicht groß, und er ging schnell vorüber. Der bestürzte Gärtner eilte herzu, und

Hob die Decke auf. Die bedeckten Blumen waren alle zerknickt; die behagelten nur wenig beschädigt.

Wem fallen hier nicht gewisse Städte am Rhein ein? War die Decke nicht ein rechter H—scher Alliirter!

———

Drei und dreißigste Fabel.
Die beiden Lügner.

»In Japan« — sagte ein junger Herr, der so eben von Reisen kam: — »In Japan hat man Äpfel, wie der Tisch so groß.« — »Was sagen Sie?« — fiel sein Nachbar ein: »In Kamtschatka hat man Töpfe, wie jene Kirche dort.« — »Das ist nicht möglich!« — sagte der erste. — »Warum nicht? Um ihre Äpfel darin zu kochen!« —

»Wir gehen nach Paris!« — sagten die Alliirten. — »Wir kommen nach London!« — prahlten die Franzosen.

Vier und dreißigste Fabel.
Der Elephant und die Maus.

»Was für ein edles majestätisches Thier!« — sagten zwei Leute, die einen Elephanten sahen. — »Edel? majestätisch?« — wiederholte ein spöttisches Mäuschen, die es hörte: — »Und eine Maus kann ihn bezwingen, den schwerfälligen Coloß!« —

Wendet das auf euch an, Generale! Wie viel Stoff zum Denken! zur Vergleichung dieser und jener Armeen!

Fünf und dreißigste Fabel.
Das Pferd und der Reuter.

Ein ungeschickter Reuter quälte sein Pferd mit Zaum und Schenkeln so sehr, daß es sich endlich beklagte. — »Deine Hand ist zu hart!« — sagte es: — »Du lässest mir keine Luft! Du hältst mich zurück, und treibst mich dennoch an! Du fällst nicht gerade auf das Rückgrad, und deine Sporen zerfleischen mich unaufhörlich!« —

So sprach das Pferd; der lateinische Reuter kehrte sich nicht daran. —

»Nun, wenn du es denn haben willst!« — rief es entrüstet: und warf ihn ab.

Leset die Geschichte der Entthronungen!

Sechs und dreißigste Fabel.
Die Katze und der Sperling.

»Ich sehe nicht ein, warum der Adler den Vorzug haben soll?« — sagte ein Sperling: — »Ich bin ein Vogel; er ist ein Vogel! Was ist da für ein Unterschied?« —

Indem flog eine Katze aus dem Bodenfenster, und fing unsern Philosophen. — »Jetzt wirst du es begreifen!« — sagte sie, indem sie ihm den Kopf abbiß.

Geschichte der kleinen Fürsten, der kleinen Republiken, und ihrer lächerlichen Ansprüche!

Sieben und dreißigste Fabel.
Das alte Gebäude.

„Was für eine alte gothische unförmliche Steinmasse!" — sagte ein junger Architekt, der vor einer Cathedralkirche aus dem Mittelalter stand. Es war ein kühner freier Geist. Er faßte den Entschluß, das alte Gebäude zu modernisiren; er hatte Überredungsgabe genug, seinen Vorschlag annehmlich zu machen.

Was hättet ihr gethan? Nicht wahr, ihr würdet fein mit Überlegung zu Werke gegangen seyn. Ihr hättet

Stück vor Stück eingerissen, und das Ganze zuvor gestützet und geklammert. Unser Architekt that von dem allen nichts. Er wollte alles auf einmal endigen; er ließ an allen Seiten zugleich einreißen. Was geschah? In wenig Tagen stürzte alles zusammen, ein unermeßlicher Schutthaufen, der in Jahren nicht wegzuräumen ist.

Geschichte der Staatsreformen!

Politische Fabeln.

Drittes Buch.

Je me suis souvent dit: Voilà de quelle sorte
L'homme agit, et qu'il se comporte
En mille occasions comme les animaux!
LA FONTAINE.

Erste Fabel.
Der Schäfer und sein Hund.

Ein Schäfer hatte einen vortreflichen dänischen Hund, der allen Wölfen furchtbar war, aber des Tages ein großes Brod fraß. Der Schäfer wollte sparen; er schaffte den großen Hund ab, und nahm zwei kleine Spitze dafür. — »Sie werden noch besser wachen!« — sagte er: — »und kosten doch bei weitem nicht so viel.« —

Aber er betrog sich. In der ersten Nacht schon kam der Wolf, und fraß Hunde und Schafe.

Nationen! Die Allianz eines mächtigen Staats ist nützlicher, als die Freundschaft noch so vieler kleiner ohnmächtiger Fürsten!

———

Zweite Fabel.
Der Affe und die Katze.

Der Affe und die Katze saßen um einen Heerd, wo der Koch Maronen backte. — »Was für ein Leckerbissen!« — sagte der Affe, indem er sich zur Katze wendete: — »Wie wäre es, wenn du sie herausholtest? Hätte ich die Pfoten dazu! ich wüßte, was ich thäte.« —

So fuhr er fort die Katze zu bereden; und es wirkte. Bedächtig zog sie die erste aus der Asche; flugs schlang sie der Affe hinunter: sie wollte jetzt die zweite holen; und verbrannte sich die Pfoten.

So opfert ihr euch auf, Generale, für die Vortheile eines indolenten wollüstigen Königes! So vergießet ihr euer Blut, Nationen! für die Launen eines hinterlistigen Ministers!

———

Dritte Fabel.
Die Frösche und der Kranich.

Ein alter Kranich, der halb blind war, starb vor Hunger, weil er die Frösche nicht mehr sehen konnte. Eines Tages saß er traurig und nüchtern am Ufer eines Teiches, als er einen Frosch auf sich zukommen sah.

»Ach!« — rief er: — »So eben hörte ich es! In acht Tagen wird der Herr fischen! Eile, und sage es deinen Freunden!«

Eine Schreckenspost für alle Fische! Die Verwirrung war allgemein. Was wird man anfangen? wie wird man sich retten? — Der Kranich wird um Rath gefragt.

»Seyd ohne Sorgen!« — sprach er: — »Ich will euch einen nach dem andern in Sicherheit bringen.« — Man nimmt es an. Er trägt sie alle in einen kleinen schmalen Bach, und verzehrt sie einen nach dem andern.

Politiker! Wo ist eure Klugheit? Mit alten Feinden Schutz und Trutz=bündnisse zu schließen!

Vierte Fabel.

Der Hund und die Schafe.

Ein Schäferhund hatte die böse Gewohnheit, die Schafe blutig zu beißen. Sie beschwerten sich endlich. — »Geh!« — sagte der Schäfer: »Du machst es, wie die Soldaten mit uns. Du sollst die Schafe bewachen; und schindest sie.« —

Fünfte Fabel.
Die Schildkröte und die beiden Enten.

Eine Schildkröte hatte mit zwei Enten Bekanntschaft gemacht. — »Ich möchte wohl gern die Welt sehen!« — sagte sie: — »Wenn ich nur fliegen könnte!« — Die Enten schafften indessen Rath. Sie mußte einen Stock in den Mund nehmen: jede Ente faßte an einem Ende an; und so flogen sie mit ihr fort.

Wie erstaunten die Bauern! Welche Ausrufungen! — »Das ist die

Schildkrötenköniginn!« — schrie alles. — »Ja, ich bin es!« rufte das eitle Thier: — aber indem sie den Mund öffnete, ließ sie den Stock los, und stürzte zum allgemeinen Gelächter herunter.

Wie mancher Große wurde auf seinen Reisen allgemein bewundert, so lange er — schwieg.

————

Sechste Fabel.
Der Schäfer und seine Heerde.

»Auf, meine Freunde!« — rufte ein Schäfer seinen Schafen zu: — »Muth und Tapferkeit! Fürchtet euch nicht vor dem Wolf, haltet nur treulich zusammen, und stehet fest und unverzagt!«

Die Schafe versprachen es, und alle schworen, den Wolf zu tödten. Aber kaum zeigte er sich in der Ferne — »Ach!« — schrien' sie: — »Er möchte uns auch zerreißen, wie unsere Brüder!« — und liefen davon.

Anrede an geschlagene Armeen! Siehe die Zeitungen!

Siebente Fabel.
Der junge Löwe.

»Sire!« — sagte der Fuchs, als Staatsminister des Leoparden: — »Sei auf deiner Hut! Dein Nachbar, der junge Löwe verspricht etwas!« — »Du irrst Dich!« — antwortete der Leopard: — »Es ist ein Kind!« —

Zwei Jahre vergingen; der Löwe wuchs heran. — »Sire!« — sagte der Fuchs: — »Noch ist es Zeit! Reibe ihn auf, oder suche seine Freundschaft! Beides wird leicht seyn! Seine Zähne sind noch nicht alle gewachsen; sein

Charakter ist noch nicht entwickelt.« — »Du irrst dich!« — antwortete der Leopard: — »Es ist ein Schwächling!«

Zwei andere Jahre waren vergangen; der Löwe war herangewachsen. Schon erscholl das Gerücht von seiner Tapferkeit. »Sire!« — sagte der Fuchs: — »Opfere eine Kleinigkeit auf! Gieb, ehe er nimmt!« — »Du bist ein Feiger!« antwortete der Leopard: — »Ich verachte ihn: er komme!« —

Der Löwe kam; und der Leopard bezahlte mit seinem Tode.

Geschichte der —n Macht und der Politiker in Norden.

Achte

Achte Fabel.
Die Frau und das Licht.

Eine Frau hatte ihren Ring verloren; sie zündete ein Licht an, ihn zu suchen. Aber kaum hatte sie ihn gefunden, als sie das Licht ausblies.

»Undankbare!« — sprach dieses: — »Du machst es wie manche Fürsten! Sie vernichten das Verdienst, sobald sie es nicht mehr brauchen.«

Neunte Fabel.
Die beiden Esel.

Zwei Esel, die bei einem Priester dienten, stahlen ein Rauchfaß, und flohen in das Feld. Ein Reisender, der vorbeiging, sahe sie im Gebüsche sitzen, wie sie sich wechselsweise das Rauchfaß unter die Nase schwenkten.

»Cabinetscomplimente!« — sagte er: — »Kleine Fürsten, die sich einander wie Souveräne behandeln!«

Zehnte Fabel.
Die beiden Flaschen.

Zwei Flaschen, eine Weinflasche und eine Bierflasche, waren in Feindschaft gerathen. Die letztere hatte die erste verachtet; beide schworen sich den Untergang. Der Kampf begann; sie trafen auf einander, und beide zerbrachen.

Wem fällt dabei nicht Frankreich und England ein!

Eilfte Fabel.
Der Löwe und die Thiere.

1.

Die Thiere vernahmen, daß der Jäger dem Löwen nachstellte. Sie machten sich auf, um ihrem Könige beizustehen. Freilich hielten sie nun treulich Wache; aber rings umher ward auch alles in eine Wüste verwandelt.

»Es sind Hülfstruppen!« sagte der Löwe zu seinen Vertrauten: — »Sie machen es wie die O—r in der Pfalz.«

2.

In einigen Wochen war die Provision verzehrt, und auf dem ganzen Gebiete kein Blatt und kein Gräschen mehr. Die Thiere berathschlagten, was zu thun wäre. — »Die Gefahr ist vorüber!« — hieß es: — »Laßt uns fortziehen!« — »Nein!« — sagte der Leopard: — »Wir sind noch nicht bezahlt; der Löwe muß uns schadlos halten!« — Was geschah? Sie nahmen das Gebiet des Löwen weg, und in kurzem fiel der arme Flüchtling in die Grube des Jägers.

Vergleiche das Schicksal von M—n!

Zwölfte Fabel.
Die Hunde und die Katzen.

Ein Dutzend Hunde, und eben so viel Katzen lebten in dem Hause eines Mannes ganz friedlich beisammen. Durch Zufall ließ der Hausherr einmahl die Speisekammer offen, und ging spazieren. Was für ein Getümmel! Alles strömte hinein; jeder Hund, jede Katze wollte allein Herr seyn. Die Schwächern verbinden sich indessen mit den Stärkern, und endlich beginnt der fürchterlichste Kampf.

Von beiden Seiten waren schon mehrere geblieben, als der Hausherr zurückkam. — »Eine wahre euro-»päische Republik!« — sagte er: und stiftete Ruhe mit der Peitsche.

Dreizehnte Fabel.
Die Krebse.

Eine Anzahl junger und alter Krebse war zusammen gefangen worden. Die Betrübniß war allgemein. — »Wäret ihr feigen Buben nur nicht rückwärts gegangen!« — sagten die Alten. — »Wie?« — antworteten jene: »Und ihr ginget wohl vorwärts?« —

Vorwürfe der All—ten in Italien, die alle liefen. — Vorwürfe gewisser Generale, die alle nichts werth waren. — Siehe die Cabinetsberichte von —!

Vierzehnte Fabel.
Der Adler und die Elster.

Der Adler begegnete einer Elster. Er hatte einen guten Augenblick: er wollte seine Herablassung zeigen; er ließ sich in ein Gespräch mit ihr ein. — »Erzähle mir doch etwas!« — sagte er.

Die Elster begann mit der ganzen ärgerlichen Chronik Ihrer Bekannten. Sie hatte so viel von Majestätsverbrechen, von heimlichen Feinden, von drohenden Bewegungen zu entdecken, daß der Adler endlich die Geduld verlor.

»Meinst du, Elende!« — sagte er endlich entrüstet: — »ich sey wie die »leichtgläubigen Fürsten? Einen Ad- »ler betrügt man nicht ungestraft.« — Und er erwürgte sie.

Politische Spione! Nichtswürdige heimliche Ankläger! Alberne Democratenriecher! Elende Revolutionsspürhunde! — Ein guter Fürst verachtet euch: merket euch das!

———

Funfzehnte Fabel.
Der Hund und der Igel.

Ein glattgeschorner Hund hatte das Bein gebrochen, und mußte im Felde liegen bleiben. Es war im Sommer; eine Menge Fliegen versammelten sich um ihn, und zerstachen ihn erbärmlich.

Ein Igel, der in der Nähe hauste, hörte seine Klagen. — »Warte!« — sagte er mitleidig: — »Ich will dich »bald erlösen; ich will sie alle anspie»ßen!« — Mit diesen Worten kugelte er sich zusammen, und warf sich auf den Hund. — »Ach!« — schrie dieser: — »Grausamer! Du verwundest »mich noch zehnmal ärger!« — Aber der Igel ließ sich nicht stören.

Ecce iterum Au—i! Cf. Geschichte des Krieges am Rheine.

Sechszehnte Fabel.
Der Holzhauer und der Baum.

Ein Holzhauer hatte sein Beil verloren; endlich fand er das Eisen allein wieder. — »Gieb mir ein wenig Holz »zum Griffe!« — sagte er zu einem Baume: — »und ich will dich auf ewig »verschonen.« Der Baum willigte ein; der Holzhauer machte seinen Griff: und kaum ist er fertig, so fällt der Baum.

Nationen! Ihr bindet euch eure eigenen Ruthen! Eure Geschenke, eure Aufopferungen werden nur zu oft wider euch selbst gebraucht!

Siebzehnte Fabel.
Der Affe und der Gärtner.

Ein Affe sahe dem Gärtner zu, wie er hier unnütze Aeste absägte, dort taube Blüthen abpflückte. Als nun der Gärtner endlich fortging, riß sich der Affe loß, und wollte ihm nachahmen. Aber was geschah? Er pflückte alle Blüthen ab, zerknickte alle Äste, und verdarb den ganzen Garten.

Reformen! — Alles muß mit Verstand und mit Maße geschehen!

Achtzehnte Fabel.
Die Frösche und die Sonne.

Die Frösche beschwerten sich über die Sonne. »Sie verbrennt alle unsere »Wohnungen!« — klagten sie: — »Laß sie verlöschen, Vater der Göt-»ter!« —

»Verlöschen?« — sagte Jupiter: — »Um der Frösche willen?« — und wendete sich wüthend weg.

Und so soll Kunst und Litteratur, Vernunft und Aufklärung verbannt werden — um des Pfaffengeschmeißes willen? — Verbannet sie selbst, ihr Nationen!

Neunzehnte Fabel.
Das Pulver.

Ein unvorsichtiger Arbeiter ließ einen Funken in ein Pulverfaß fallen; die Masse flog auf, und verbrannte ihm den ganzen Körper! Er fluchte wie ein Wüthender.— »Aber warum brach= »test du Feuer daran?« — sagte ein Knabe zu ihm: und er war beschämt.

Warum reizet ihr die Nationen? Die Schuld ist eure!

Zwanzigste Fabel.
Der Obstbaum und der Gärtner.

»Das ist alles für mich!« — sagte ein Gärtner zu seinem Freunde, dem er einen reichbeladenen Obstbaum zeigte. — »Für dich?« — antwortete der Baum: — »Ich trage Frucht um meiner selbst willen! Ich kann dich entbehren; du ziehest Vortheil von mir.«

Fürsten! Die Nation ist alles ohne euch; ihr seid nichts ohne sie.

Ein und zwanzigste Fabel.
Der Schmetterling und die Schnecke.

»Elende!« — sagte ein glänzender Schmetterling zu einer Schnecke: — »Wie kannst du es wagen, mir unter die Augen zu kommen!«

»Stolzer Wicht!« — antwortete die Schnecke: — »Vor einer Stunde warest du noch ein unförmlicher Klumpen. — Ich habe mein Haus, ich lebe in meinem Eigenthum, ich bin mit wenigem zufrieden. — Du hast weder Heimath noch Obdach, du lebst

Durch die Gnade der Blumen, um ih‍nen zu — ſchaden.»

Elende Parvenüs! die ihr veracht‍lich auf den fleißigen Bürger, auf den arbeitſamen Landmann herabſeht; — die Fabel iſt für euch!

―――

Zwei und zwanzigste Fabel.
Der Ameisenhaufen.

Zwei Knaben entdeckten einen Ameisenhaufen. Die kleine Republik war voller Leben und Indüstrie: was half das? Die Knaben holten einen Spaten; und in wenig Minuten war alles zerstört.

So vernichtet ein einziger unnützer Krieg die Indüstrie und den Wohlstand der Nationen auf Jahrhunderte. Und oft sind es Knaben, die ihn anfangen!

Drei und zwanzigste Fabel.
Die Baumwurzel und der Gipfel.

»Wie groß, wie herrlich ich mich in die Luft erhebe;« — sagte der Gipfel triumphirend zur Wurzel: — »indeß du verächtlich im Staube dahinkriechst!« —

— »Und wenn ich dich nicht hielte, was wärest Du?« — antwortete sie.

Fürsten! Vergesset es nie! Euer Ansehen, eure Gewalt ist auf die Nation gegründet.

Vier und zwanzigste Fabel.
Der Wolf und die Schafe.

»O Vater der Götter!« — ruften die Schafe: — »Errette uns von dem grausamen Wolfe! Es ist ein Tyrann, der uns alle verzehrt.«

»Euch alle?« — erwiederte Jupiter: — »Seid ihr nicht tausend gegen Einen? Warum zerstreut ihr euch? Ich habe ihn nicht zu eurem Tyrannen, und euch nicht zu seinen Sklaven geschaffen! Sehet ihr selbst zu!«

Les tyrans ne sont forts que de votre foiblesse.

Der Wolf war nur durch ihre Schwäche stark!

―――――

Fünf und zwanzigste Fabel.

Der Tiger und der Leopard.

Der Tiger und der Leopard hatten sich den Krieg erklärt. Der erste fiel in das Gebiet des letzten ein; der Leopard flohe.

»So sollt ihr mirs bezahlen!« — schrie der Löwe: und erwürgte alles, was er von Thieren im feindlichen Gebiete fand.

»Ach!« — seufzte ein sterbender Fuchs: — »So geht es! Wir Unglückliche müssen es büßen. Unser Fürst war an allem Schuld; aber er ist in Sicherheit.«

Exempla sunt odiosa! Arme Provinzen am Rhein!

Sechs und zwanzigste Fabel.

Die Bienen und die Hummel.

Ein Pächter hielt sich Bienenstöcke. Es war sein Vergnügen, den fleißigen Insekten zuzusehen. Indem flog eine Hummel hinzu, und er schlug nach ihr. »Nichtswürdiger!« — schrie sie: — »Ich bin besser als diese kleinen Insekten; ich werde mich rächen!« — Sie wollte ihn stechen; aber er zerquetschte sie.

"Sehet den Adel!" — sagte er: — "Er will auf Unkosten der Nation leben, er will sich von ihrem Schweiße mästen, und verachtet alles um sich her!" —

Sieben und zwanzigste Fabel.

Der Löwe und der Bär.

Der Löwe hatte den Bär zu seinem Vertrauten gemacht, aber die Bedrükkungen desselben empörten das ganze Reich.

Der Bär, der das wußte, unterhielt den Löwen unaufhörlich von Verschwörungen, die die Unzufriednen gegen sein heiliges Leben anspännen! Er fand alle Tage neuere und stärkere Beweise, daß die undankbare Nation ihren König hasse; kurz, er sprach von nichs als Jakobinern und Revolutionen, und stellte die Nation als einen Haufen Septembrisirer vor.

Was war natürlicher, als daß das Mißtrauen des Löwen gegen die Nation eben so zunahm, als sein Zutrauen gegen den Bär, der sein einziger Freund schien. Auch hatte der hinterlistige Vertraute mehr Gewalt als je, und seine Bedrückungen übertrafen sich selbst, denn der Löwe war unzugänglich.

Aber endlich brach der Bogen. Die Thiere stürmten in hellem Haufen in die Burg des Löwen. — »Liefere uns den Bär aus!» — schrien sie: — »Wir hassen nur ihn!»

Wie viel Betrachtungen liegen noch in dieser Fabelhülle! Wie viel Märchen von vergifteten Pfeilen, die die Pitt's auf die Bahn bringen!

Acht und zwanzigste Fabel.
Der Adler und der Falke.

Der Adler hatte mit dem Falken lange in Feindschaft gelebt, und ihm fast immer seine Beute abgejagt. Endlich wurde dieser des beständigen Kampfes müde, und trug auf einen Vergleich an. Man kam überein, daß der Falke ungehindert rauben könne, wenn er den Adler als Lehnsherrn anerkennen, und einen Theil seiner Beute an ihn abtreten wolle.

Subalterne Tyrannen! Ihr theilt mit dem Unterdrücker, um nicht selbst unterdrückt zu werden!

Neun und zwanzigste Fabel.
Die Ameise.

Eine Ameise war von ihren Mitbürgerinnen zur Schatzmeisterinn ernannt worden. Das erste Jahr war um, die Rechnung mußte abgelegt werden; sie konnte nicht anders, sie brachte einige Papiere.

Der Aufwand war ungeheuer gewesen; die Ausgaben hatten fast den ganzen Nationalschatz verzehrt. — Einige patriotische Ameisen eiferten heftig darüber. — »Ihr habt dem Schein nach

nach Recht;» — antwortete die Schatzmeisterinn: — »aber es sind Staatsgeheimnisse! Ich kann schwören, es ist alles zum Nutzen des Staates verwendet worden!«

Man ließ sich das gefallen, und die Rechnung wurde gebilligt.

Das zweite Jahr, eben so viel Ausgaben; eben so unbestimmte Rechnungen; dieselben Beschwerden, und dieselbe Ausrede. Im dritten Jahre, ein ungeheures Deficit: die Ausgabe überstieg die Einnahme. Die Ameisen verloren die Geduld.

Eine von ihnen, die weit gereist war, und sich lange im Hause eines

Finanzministers aufgehalten hatte, trug auf eine Untersuchung an. Man erbrach die Zelle der Schatzmeisterinn, und fand sie voll gestohlenen Nationalgutes.

Vergleiche die Finanzgeschichte von Frankreich und England!

Dreißigste Fabel.
Der Wolf und der Fuchs.

Ein Wolf und ein Fuchs beschlossen gemeinschaftliche Sache zu machen. Einer stand dem andern bei, und die Jagd ging vortreflich von statten. Allein bald wurden beide die Sache überdrüßig. Der Wolf war unzufrieden, der Fuchs war mißvergnügt: einer glaubte den andern entbehren zu können; jeder wollte sich den andern vom Halse schaffen.

»Ich will ihn den Hunden überliefern!« — sagte der Fuchs. — »Ich will ihn in das Eisen bringen!» — sagte der Wolf. — Und in der That, sie nahmen ihre Maßregeln so gut, daß beide zu gleicher Zeit umkamen.

Geschichte der Faktionen! Allianzen!

Ein und dreißigste Fabel.
Der Fuchs und der Tiger.

―――

Der Tiger war auf Reisen gegangen, und hatte den Fuchs mitgenommen. Sie kamen in eine schöne fruchtbare Gegend, die mit reichen Heerden bedeckt war. — »Wie viel Fleiß! Wie viel Mühe!« — sagte der Fuchs: — — »Wie viel Jahre mögen vergangen seyn, ehe das so geworden ist!« — »Und doch!« — erwiederte der Tiger: — »Mich kostet's einen Augenblick, und alles soll verwandelt seyn.

Er sprach's, stürzte in die Heerden, und verbreitete Tod und Blutvergießen. Die Bauern eilten herzu, er verfolgte sie, die Felder wurden zertreten, die Gärten verwüstet; bis es ihm endlich gefiel, sich triumphirend zurückzuziehen.

So verwandelt ein Tyrann, oder ein unkluger Fürst, durch unnütze Kriege das schönste Land in eine Wüste.

Zwei und dreißigste Fabel.
Die Bienenköniginn.

„Lege Rechnung ab!" — sagten die Bienen zu ihrer Königinn: — "Was haft du mit unserm Reichthum angefangen? Wie sind die Schätze, die wir sammelten, angewendet worden? Was hast du zum Besten des Ganzen gethan?" —

"Aufrührer!" — antwortete die Königinn: — "Was gehet euch mein Eigenthum an? Was habt ihr nach der Verwaltung meines Vermögens zu fragen?"

»Dein Eigenthum? Dein Vermögen?« — erwiederten die Bienen: — »Du vergissest, Unverschämte, daß du nichts als unsere Dienerinn bist.«

Was sind die Fürsten anders, als die Faktoren, die Diener der Nation? Das Land ist nicht ihr Eigenthum; sie sind die Verwalter desselben: die Nation ist kein todtes Capital, mit der man nach Belieben schalte; sie ist der Besitzer, und der Fürst der Agent.

―――――

Drei und dreißigste Fabel.
Der Papagey und die Nachtigall.

––––––––––

"Elendes, armseliges Ding!" — rief ein bunter Papagey einer Nachtigall zu, und brüstete sich stolz auf seinem goldnen Ringe. — »Verachte mich, wie du willst;« — antwortete Philomele: — »du bist doch nichts als ein hirnloser Papagey!« —

Papageyen mit Stern und Orden! das stille Verdienst weiß wer ihr seid! —

––––––––––

Vier und dreißigste Fabel.
Der Habicht und die Taube.

Der Habicht war krank geworden. — »Es ist die Strafe meiner Sünden!« — sprach er: — »Von nun an sey Friede zwischen mir und allen Vögeln!« — Kaum hatte er es gesagt, so flatterte eine Taube bei ihm vorbei. — »Nur diese noch!« — sprach er: und erwürgte sie.

Der ewige Friede!

Fünf und dreißigste Fabel.
Der Löwe und der Tiger.

Der Löwe und der Tiger erklärten sich den Krieg; aber beide fürchteten sich vor einander. Sie fanden Mittel sich durch den Dritten zu vergleichen. Man beschloß, sich in die nächste Heerde Schafe zu theilen; und der Friede war gemacht.

Leset die Geschichte der Friedens=schlüsse, und gewisser Theilungen!

Sechs und dreißigste Fabel.
Der Knabe und die Schwalbe.

Ein Knabe hatte eine Schwalbe gefangen; er befestigte sie an einem Faden, und ging davon. Die Schwalbe machte unendliche Bewegungen sich zu befreien: endlich riß der Faden in der Mitte; doch behielt sie ein Stück davon am Fuße.

Triumphirend flog sie nun auf einen Baum. Aber die Unglückliche! Der Faden blieb an einem Aste hängen; und sie mußte verhungern.

www.ingramcontent.com/pod-product-compliance
Lightning Source LLC
Chambersburg PA
CBHW020914230426
43666CB00008B/1455